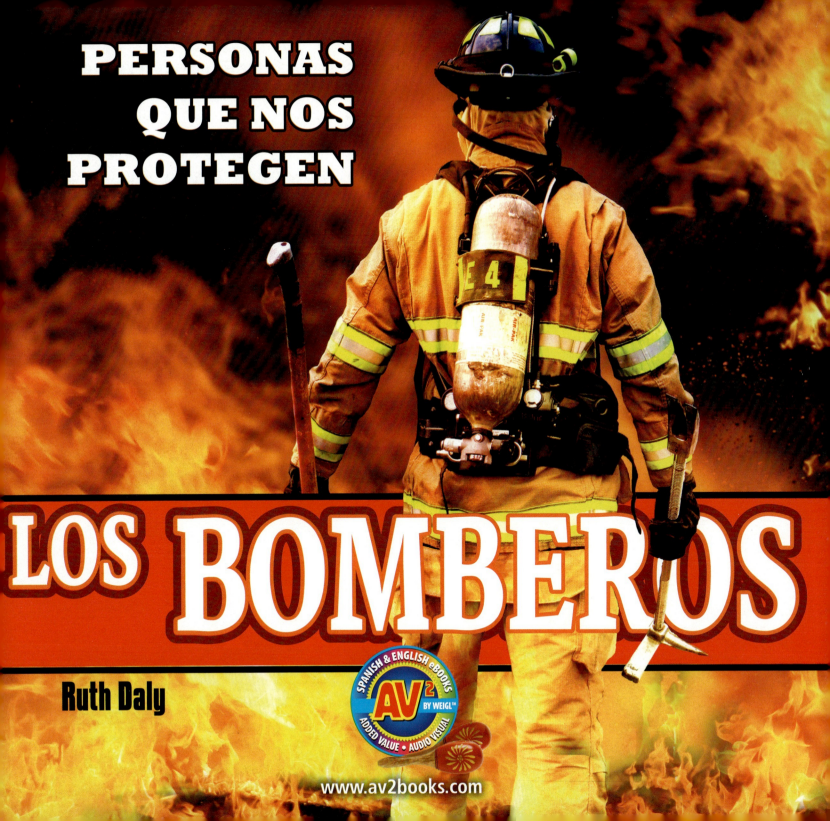

Visita nuestro sitio www.av2books.com
e ingresa el código único del libro.
Go to www.av2books.com, and enter this book's unique code.

CÓDIGO DEL LIBRO
BOOK CODE

AVA56768

AV² de Weigl te ofrece enriquecidos libros electrónicos que favorecen el aprendizaje activo.
AV² by Weigl brings you media enhanced books that support active learning.

El enriquecido libro electrónico AV² te ofrece una experiencia bilingüe completa entre el inglés y el español para aprender el vocabulario de los dos idiomas.

This AV² media enhanced book gives you a fully bilingual experience between English and Spanish to learn the vocabulary of both languages.

Spanish

English

Navegación bilingüe AV²
AV² Bilingual Navigation

Copyright ©2020 AV² de Weigl. Library of Congress Cataloging-in-Publication Data se encuentra en la página 24.
Copyright ©2020 AV² by Weigl. Library of Congress Cataloging-in-Publication Data is located on page 24.

LOS BOMBEROS

CONTENIDOS

2 Código del libro AV²
4 Personas que nos protegen
6 En la estación de bomberos
7 ¿Qué es un bombero?
10 El camión de bomberos
12 Las herramientas de los bomberos
14 Revisando los edificios
16 El trabajo diario
18 Los bomberos en la escuela
21 Los bomberos son importantes
22 Cuestionario sobre los bomberos

El trabajo de algunas personas es proteger a los demás.

El bombero trabaja para proteger a la gente.

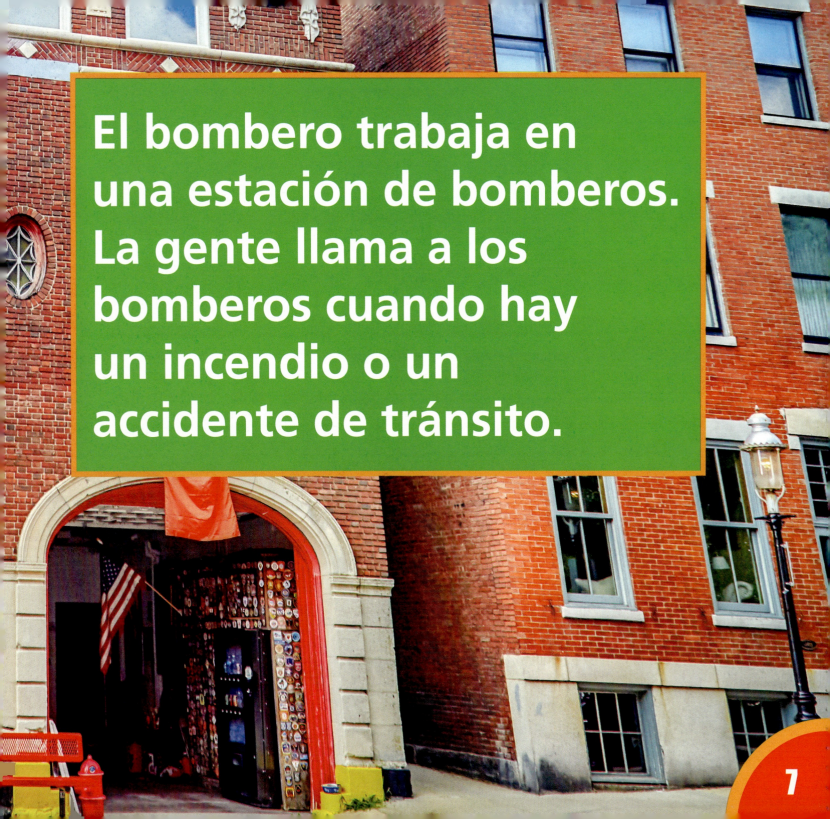

El bombero trabaja en una estación de bomberos. La gente llama a los bomberos cuando hay un incendio o un accidente de tránsito.

El bombero apaga los incendios y también puede ayudar a descubrir cómo comenzaron.

A veces, se producen incendios en edificios y bosques. Los bomberos suelen llegar al incendio en un camión de bomberos.

El camión de bomberos tiene herramientas para combatir los incendios.

Tiene mangueras para rociar agua sobre el fuego.

Los bomberos usan escaleras largas para rescatar personas que están en lugares altos.

Usan un hacha para derribar paredes y puertas.

Los bomberos también revisan los edificios de mi vecindario.

Los bomberos escriben informes sobre lo que hacen todos los días.

Deben asegurarse de que todas sus herramientas funcionen correctamente.

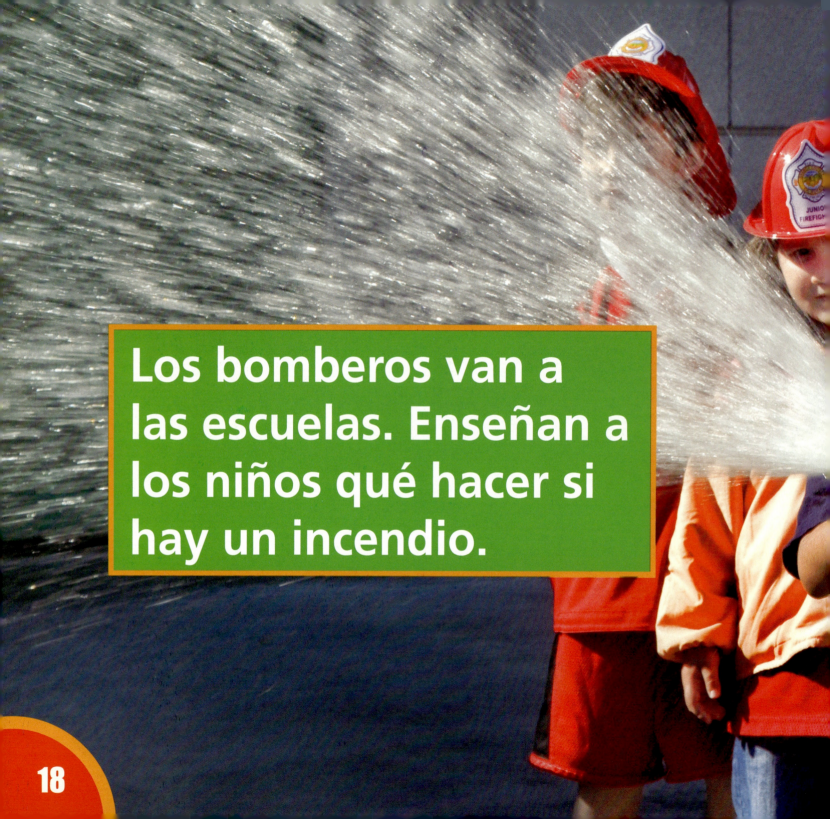

Los bomberos van a las escuelas. Enseñan a los niños qué hacer si hay un incendio.

Les cuentan sobre las alarmas de humo. Las alarmas de humo suenan muy fuerte si hay humo en una casa.

Los bomberos son importantes porque nos protegen.

Veamos qué has aprendido sobre los bomberos.

Describe lo que ves en cada una de estas imágenes.

23

¡Visita www.av2books.com para disfrutar de tu libro interactivo de inglés y español!

Check out www.av2books.com for your interactive English and Spanish ebook!

1. **Entra en www.av2books.com**
   Go to www.av2books.com

2. **Ingresa tu código**
   Enter book code

   AVA56768

3. **¡Alimenta tu imaginación en línea!**
   Fuel your imagination online!

www.av2books.com

Published by AV² by Weigl
350 5th Avenue, 59th Floor New York, NY 10118
Website: www.av2books.com

Copyright ©2020 AV2 by Weigl
All rights reserved. No part of this publication may be reproduced, stored in a retrieval system, or transmitted in any form or by any means, electronic, mechanical, photocopying, recording, or otherwise, without the prior written permission of the publisher.

Library of Congress Control Number: 2018964737

ISBN 978-1-7911-0198-5 (hardcover)
ISBN 978-1-7911-0199-2 (multi-user eBook)

Printed in the United States of America in Brainerd, Minnesota
1 2 3 4 5 6 7 8 9 0 22 21 20 19 18

122018
111918

Project Coordinator: John Willis
Art Director: Ana María Vidal
Spanish Project Coordinator: Sara Cucini
Spanish/English Translator: Translation Services USA

Every reasonable effort has been made to trace ownership and to obtain permission to reprint copyright material. The publisher would be pleased to have any errors or omissions brought to its attention so that they may be corrected in subsequent printings.

The publisher acknowledges Alamy, Getty Images, iStock, and Shutterstock as the primary image suppliers for this title.